THIS BOOK BELONGS TO :

_____

_____

 # Summary:

1- Coloring.
2- Mazes.
3- Word Search.
4- Sudoku.
5- Tic Tac Toe.

&
Solutions

We Wish You a lot of fun!

Coloring

Mazes

MAZE - 1

START

FINISH

MAZE - 3

START

FINISH

MAZE - 5

START

FINISH

MAZE - 6

START

FINISH

MAZE - 12

START

FINISH

MAZE - 13

START

FINISH

Word Search

P	D	L	E	R	R	I	U	Q	S
U	J	B	N	A	T	I	V	E	O
M	M	N	R	O	C	B	S	T	N
P	P	I	E	J	G	T	S	X	A
K	M	G	N	N	Z	K	W	W	C
I	V	Z	I	R	N	H	L	Q	I
N	C	V	C	A	O	L	N	R
H	I	Z	H	J	R	C	E
G	X	T	A	G	X	K	A
H	I	G	H	S	I	D	V	V

HOW TO PLAY

ON EACH PAGE YOU WILL BE GIVEN A LIST OF WORDS, FIND EACH WORD ON THE LIST AND CIRCLE, STRIKE OR HIGHLIGHT IT IN THE PUZZLE PROVIDED, WORDS CAN BE FOUND:

HORIZONTALLY ←→ , VERTICALLY ↑↓

OR DIAGONALLY ↗↙↖↘

W	C	H	I	L	D	R	E	N	G	P	K
X	M	E	L	Z	Z	U	P	N	A	H	A
W	M	I	G	D	B	Z	B	K	J	C	C
O	J	Z	O	R	G	Q	I	I	Q	R	T
R	O	K	A	Z	B	J	F	D	Q	A	I
D	G	I	J	B	U	G	G	S	K	E	V
F	N	H	G	Q	O	Z	A	O	O	S	I
I	F	M	N	K	E	O	I	M	Q	D	T
N	M	X	I	U	W	K	K	F			Y
D	F	D	H	I	F	C	O	J	X		
C	V	W	R	B	S	G	E	R	K	W	
G	B	J	P	F	E	T	T	F	K	L	I

①

U	M	I	C	M	U	T	K	L	B	A	O
Z	Y	D	N	I	W	N	R	E	S	A	C
S	I	M	N	Z	J	X	E	E	S	A	P
I	K	M	P	M	E	S	R	G	E	W	H
X	E	L	D	W	A	L	K	I	N	G	C
O	R	V	I	B	G	N	I	R	P	S	C
U	G	S	O	R	Z	F	H	N	V	R	G
S	T	E	A	D	P	Z	A	A	N	E	E
K	E	B	C	H	L	A	D	E	J	T	S
E	Z	T	K	J	Q	H	I	G	L	S	Q
R	R	J	I	R	E	V	O	L	C	A	S
T	F	T	W	K	W	V	A	T	G	E	U

APRIL   LEAF

BEES   SPRING

CLOVER   TREE

EASTER   WALKING

KITES   WINDY

F	C	H	Z	A	U	A	J	A	B	R	G
K	C	H	H	C	R	A	X	J	M	E	P
W	E	F	T	T	U	Q	I	X	R	W	J
T	D	C	R	I	V	F	U	X	V	O	Y
I	W	Q	I	V	M	B	R	W	X	H	N
Z	D	L	B	E	N	U	S	W	C	S	N
A	U	O	M	S	B	M	A	L	E	L	U
Z	E	D	X	K	R	B	R	E	A	K	B
S	G	G	E	M	A	X	Z	F	D	X	W
R	S	G	U	B	A	O	E	N	H	L	F
G	V	G	I	J	C	T	S	E	R	O	F
G	F	L	O	W	E	R	S	D	A	V	I

ACTIVE   EGGS

BIRTH   FLOWERS

BREAK   FOREST

BUGS   LAMBS

BUNNY   SHOWER

D	U	K	T	H	K	A	A	R	A	E	Y
K	R	C	H	L	S	U	U	A	B	N	T
P	L	G	B	S	M	S	B	O	E	M	S
Q	X	R	A	F	R	Y	L	R	I	X	P
Y	W	R	H	G	E	K	D	S	M	B	I
S	G	X	B	L	X	L	S	Z	K	I	R
I	L	A	L	Z	I	I	X	S	S	N	I
A	B	O	X	H	O	Q	K	X	V	L	T
D	W	H	C	N	M	O	T	Z	G	W	M
L	G	N	I	M	M	I	W	S	P	V	C
S	K	K	N	U	D	Q	T	H	G	I	L
B	X	Z	M	E	T	A	R	O	C	E	D

CHILDREN	**MISSION**
DAISY	**SPIRIT**
DECORATE	**SWIMMING**
GRASS	**YEAR**
LIGHT	**YELLOW**

4

E	Y	R	O	T	S	I	H	T	G	N	P
B	X	E	L	B	A	T	E	G	E	V	U
K	T	V	S	P	A	Q	H	Z	E	Y	Z
C	H	J	R	C	L	F	N	A	P	A	L
H	A	K	E	Q	O	U	R	Q	M	D	X
G	F	Z	D	N	X	L	U	R	Q	N	D
T	V	B	I	H	Y	T	O	T	N	U	P
C	M	R	P	F	B	M	F	R	A	S	J
E	X	A	S	G	A	R	D	E	N	Q	X
S	B	I	W	J	W	G	I	J	U	Z	A
N	Q	N	I	X	O	M	Z	E	T	N	B
I	O	H	D	T	R	A	V	E	L	M	K

COLOR

EARLY

GARDEN

HISTORY

INSECT

RAIN

SPIDERS

SUNDAY

TRAVEL

VEGETABLE

P	P	P	N	R	R	A	B	B	I	T	I
L	R	P	R	E	H	T	A	E	W	N	Z
P	V	S	E	Q	Z	O	U	M	B	K	P
P	W	K	H	T	N	A	L	P	H	G	V
Y	O	C	A	N	M	A	W	L	N	G	T
L	P	U	Q	F	I	S	H	I	N	G	C
I	M	D	U	O	L	C	F	G	J	U	E
M	J	K	W	I	C	M	N	A	E	C	O
A	O	K	O	K	W	H	L	X	J	Z	Q
F	D	L	V	I	O	L	E	T	L	A	G
K	P	N	A	T	U	R	E	G	D	C	W
D	A	V	N	G	S	T	P	U	N	S	L

CLOUD   OCEAN

DUCKS   PLANT

FAMILY   RABBIT

FISHING   VIOLET

NATURE   WEATHER

6

V	A	C	A	T	I	O	N	T	G	G	W
Y	G	C	T	Y	A	D	I	L	O	H	E
H	L	V	M	P	U	Z	Z	L	E	S	H
S	V	F	T	D	N	O	M	A	I	D	E
P	T	U	R	T	I	V	D	R	W	A	J
A	O	C	R	E	V	C	E	U	R	M	G
I	L	O	E	K	T	N	Z	T	O	X	A
B	H	C	T	S	N	T	H	Q	Z	P	M
G	X	R	Q	A	N	I	U	O	Z	J	E
U	F	I	F	B	I	I	I	B	A	S	S
T	Q	E	R	E	A	D	I	N	G	P	N
K	W	Q	J	U	A	E	G	X	X	Z	I

BASKET

BUTTERFLY

DIAMOND

EARTH

GAMES

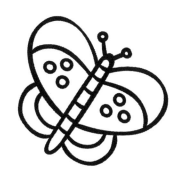

HOLIDAY

INSECTS

PUZZLES

READING

VACATION

O	I	Q	Q	B	Y	N	N	U	S	F	N
I	L	G	X	K	I	T	G	J	Q	X	O
V	P	E	T	E	K	C	A	J	E	E	I
S	X	H	L	A	I	C	E	P	S	X	T
T	B	L	S	W	D	T	L	O	E	H	A
C	E	W	A	O	G	P	C	S	E	D	U
W	A	M	D	N	G	U	E	F	M	C	D
S	P	R	W	I	D	I	C	Z	C	K	A
G	L	Z	R	T	V	C	A	K	E	A	R
O	J	X	H	O	A	W	L	J	W	N	G
R	J	G	M	O	T	M	F	O	O	D	R
F	T	H	L	K	T	R	O	P	S	N	B

CARROT

FOOD

FROGS

GRADUATION

JACKET

LAND

MOVIES

SPECIAL

SPORT

SUNNY

8

S	F	L	Z	P	I	C	T	U	R	E	L
C	A	U	U	R	D	W	B	F	A	P	L
I	P	M	G	F	K	F	M	O	G	R	E
N	W	O	T	N	E	S	E	R	P	E	G
C	Q	U	T	A	I	C	E	V	X	T	G
I	O	F	K	A	X	G	A	P	M	T	N
P	L	H	Q	Q	Z	H	G	E	F	Y	I
L	A	N	O	I	T	A	N	O	P	R	X
O	W	C	C	F	E	V	Q	J	J	X	A
R	V	L	C	T	C	L	Z	O	W	T	L
W	V	Z	Y	P	P	A	H	T	K	Z	E
S	U	N	F	L	O	W	E	R	A	W	R

HAPPY

JOGGING

NATIONAL

PEACEFUL

PICNIC

PICTURE

PRESENT

PRETTY

RELAXING

SUNFLOWER

R	X	E	N	I	H	S	N	U	S	S	E
E	O	C	L	U	L	C	A	Q	E	G	E
U	N	U	A	C	R	D	M	I	P	L	V
U	R	J	D	M	L	U	R	T	X	S	C
W	S	N	O	W	P	O	H	I	I	H	Q
W	X	T	I	Y	M	I	U	U	E	I	C
I	Z	L	O	E	A	N	N	R	V	N	N
L	L	D	M	P	E	B	E	G	W	E	E
L	R	C	Z	E	L	T	L	F	B	O	G
O	S	P	R	E	A	S	C	E	S	E	L
W	O	G	S	W	K	C	V	N	P	E	A
B	F	S	E	I	R	R	E	H	C	Z	L

CAMPING   POTS

CHERRIES   SHINE

ENJOYABLE   SUNSHINE

GREEN   WATER

MEMORIES   WILLOW

W	E	T	A	L	O	C	O	H	C	V	B
S	P	B	L	O	S	S	O	M	L	P	V
A	D	O	W	W	V	S	U	W	L	M	P
P	Q	Z	W	A	J	X	I	X	M	N	B
C	V	R	L	N	B	Z	W	O	L	E	O
D	N	V	B	I	P	G	K	E	A	E	K
R	B	S	K	M	V	S	M	C	P	X	O
A	T	Z	W	A	X	O	H	F	J	P	T
Y	V	G	K	L	H	C	D	A	N	H	N
J	X	S	G	S	M	O	N	T	H	N	I
C	E	L	E	B	R	A	T	E	H	R	A
O	R	Z	L	I	B	E	W	Z	Z	R	P

ANIMALS

BEACH

BLOSSOM

CELEBRATE

CHOCOLATE

HOME

MONTH

PAINT

PALM

YARD

Sudoku

HOW TO SOLVE SUDOKU

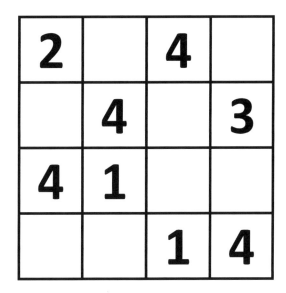

A 4x4 sudoku contains 4 rows, 4 columns and 4 squares (a total of 16 squares). The goal of the sudoku puzzle is to fill in the cells so that each column, row, and region contains numbers 1 through 4 only once.

Same rules for 6x6 and 9x9 grids.

IMPORTANT: It is recommended to use a pencil and eraser since you may choose the wrong numbers
and find later that you need to change them.

SOLUTIONS : If you get stuck on any of the puzzles, or if you want to check your answers, you can find all the solutions in the back of the book.

4X4 SUDOKU PUZZLES

SUDOKU - 1

	1		4
	4		3
1		4	
4		3	

SUDOKU - 2

		2	3
	2		4
2	4		
1		4	

SUDOKU - 3

4			3
	3		4
3		4	
	4	3	

SUDOKU - 4

	1		2
2		1	
3			1
	2	4	

SUDOKU - 5

		2	3
	3	1	
3			2
4	2		

SUDOKU - 6

	2		1
3	1		
2		1	
		4	2

SUDOKU - 7

	3		4
2			3
3		4	
	1	3	

SUDOKU - 8

	4	2	
2			4
	2		1
3		4	

SUDOKU - 9

	1	4	
		1	3
2	4		
1			4

SUDOKU - 10

		1	4
4		3	
2			3
	3	4	

SUDOKU - 11

	1		2
2		4	
3			4
	4	2	

SUDOKU - 12

1	4		
		1	4
	1	3	
2			1

SUDOKU - 13

	4	3	
	3		1
4			3
3		1	

SUDOKU - 14

	2		3
1		4	
2		3	
		1	4

SUDOKU - 15

	3	4	
	4		3
4			1
3		2	

SUDOKU - 16

		4	1
4	1		
3		1	
	4		2

6X6 SUDOKU PUZZLES

SUDOKU - 1

	1	3			5
		5	2	1	3
5	4		1	3	
6	3	1			
3			6		1
1		6		4	

SUDOKU - 2

2	3		4	1	
1	4				3
5	2		6		
		4		5	2
3		1	2	6	
		2	1		5

SUDOKU - 3

1		6		4	3
	4		6	5	
	1			3	6
6	3		1		
5		4	3		2
	2	1			5

SUDOKU - 4

	4	1		2	
6			4		5
		5		4	2
4	1		5		6
		6	2	5	
2		4		6	

SUDOKU - 5

	1			2	4
3	4			5	
6		5	1		
	2	1			3
2			4	1	6
	6	4	2	3	

SUDOKU - 6

	3	6	1		
4	1	5			2
	4	2		5	
		1	4		6
5			2	1	
1	2			6	3

SUDOKU - 7

		5	6	4	3
3		4		1	
6	2			5	4
5		3	1		
	3			6	1
1	5		4		

SUDOKU - 8

	3		6		4
	6	5	2	3	
2			3		5
	5	6		4	
5			4	1	
6	1	4			3

SUDOKU - 9

1			5		3
4		3	1	6	
	4	1	2		6
		5		3	1
6	1			2	
	3		6	1	

SUDOKU - 10

3	4		2		
2	6	5			1
		4	1	2	3
	3	2			5
	1		5	6	
5		6		1	

SUDOKU - 11

	6		1	5	4
4		1		2	6
	4	6	2		
5		3		6	
	1		6	4	
6	3				2

SUDOKU - 12

	2		3	6	
6		4			2
	1	3	6		5
5	4	6			
3			4	2	
		2	1	5	3

SUDOKU - 13

2		3	6		
6	5	1			
4	3			6	5
		5		4	3
	2		5		4
	1	4	3	2	

SUDOKU - 14

2	3			5	
	1	4	6		2
1			5	6	
4		5	2	1	
6			3		5
	5	2			6

SUDOKU - 15

	4		1	2	
	6	1	4	5	
4	2				5
1	5		3		
6		2			4
		4	2	6	1

SUDOKU - 16

3				1	2
	5	1	6		
4	3	5		6	
	1	2	3		5
1				5	6
	6		1		3

SUDOKU - 1

5		6	1		4			9
	7		6			1	4	
1		4	7		9	2	6	5
	4	8			3		9	1
		5	9		6	4	8	7
	9	1			8	6		
	6	9		5			7	3
		2	4	9		8	1	6
8	1		3	6	2		5	

SUDOKU - 2

3			5	9		4	8	1
4			2	1	8	7		
8	6	1	3			9		
7	2		1		5			6
	3	8			9	5		4
1	9	5	8			2		7
2			4		3			9
5	8		9	7	1	3		2
	4		6		2	1		8

SUDOKU - 3

	9			2		4	3	7
	7	1		4			8	
4	5	2	3	8		1	6	
5		7	2	9		6		
1	2	3	6	7			5	
9	6			1		7		
6	1	5		3	2	8	9	
7		8				2	1	6
2	4			6	8		7	

SUDOKU - 4

7	8	2	5				9	1
4			1	9	3	2	8	7
9			8		2	4	5	6
	7		2	8			1	3
	2	9	4		1	8		5
		8			9	6	4	2
	1	3	6				2	
2	4				7		3	8
	9	7					6	4

9X9 SUDOKU PUZZLES

SUDOKU - 5

7	2	5	1	4	6	9	3	
8		6	2				1	4
1	4	9		8	7		5	
	7		4	3		8		
3		2				4	7	
9				2	8	3	6	1
4	6		8		2	5		
	9					7	8	
	1	8	6	7	3		9	4

SUDOKU - 6

8		2	6	3	7	1	4	9
9	1	4		5	2	7	6	3
	3		4	1		5	8	2
3	7						2	8
5	2			6				
	8	6	7	2	3			1
2	9	5	3		1			
1				7			9	
	4					8	2	1	5

SUDOKU - 7

2					6		5	
4	1			2	7	3		8
8					4	2	1	7
3		2	7	9			4	
7	4	6	5	3	1			
9	8	1	6		2		7	
1	2	7	4	6	3	8		5
	3			7	9		2	4
		4	2	8		7		

SUDOKU - 8

8	7			5			3	2
	5	2				1	7	8
3	6	1		2		9	5	4
1			9	7	8	3	4	5
	8	3		6	2			1
5	9	7		1	4	2	8	6
					5	4	1	
		5	7	4	3			
		9		8	1		2	

SUDOKU - 9

	1		5	4		3	7	6
2			8	1			9	
4		3		7		2		1
	9	1	7			4	3	2
	7	4		2	8	1	6	
6		2			1			7
	2	6		5			4	8
7	8	9		3	4		1	
1		5		8	6		2	3

SUDOKU - 10

9		4		8	6		5	
	8		9	7	3	2	1	
3	7	1				8	6	9
			9	4	6			2
		9	6		1	7	8	5
	6		8	2		4	9	
		2	3	1	7		4	
	1	5		6	8	9	7	
8		7	5			1	2	

SUDOKU - 11

2	4	3				1	7	
	8	6	4			5		
1		5	7	2			8	4
9	7		6			8	1	5
		8	9		1		6	
5	6	1	8		4	9	2	3
	1		3			6	5	9
	3	9	2		5	7		
6		7		4	9			8

SUDOKU - 12

7				8		5	4	3
8	2		6	3		9		7
3		5	7	9	4		6	
	3		4	7	9	1		5
4	5	2	8		1	7	3	9
9			5		3			
2				5	6	8	7	
		7				6	5	
5	8	6				3	9	4

SUDOKU - 13

1	8	2	7	3	9		4	
7		6		5	4	9	8	
				6	8	3		2
6	2		8	1	3		9	
3	5	9	4	7	2	1	6	8
8	1	4				2		
				1	4	2	9	
4							5	
2		8	3			7	1	6

SUDOKU - 14

		8	7	4	1	3		
1	7			9		8		4
9	3	4				1	7	2
3		9	8		4	5	2	
5	2	1	6	7	9	4	3	8
			3	2	5		6	
8	1		9		6			
	5	1			2			
	9	3			8	7	2	1

SUDOKU - 15

9	1		6		7	3	4	2
6	3	5	9	2	4		1	8
2	7			1		9		
1	5	3	4		9		2	
7			1		2			
4				8		6	3	
		3	4	1		5		
5	4				6	1		3
3	2	1	5	9			7	6

SUDOKU - 16

		1	2	4		5		
4				5	6			
7					9	3	2	4
8				2	1	6	4	
5		3		7		2	1	
2	1	4	8		5			3
6	4	7	5	3		8	9	1
1	2	5	4	9	8	7		6
	9	8		1			5	

Tic Tac Toe

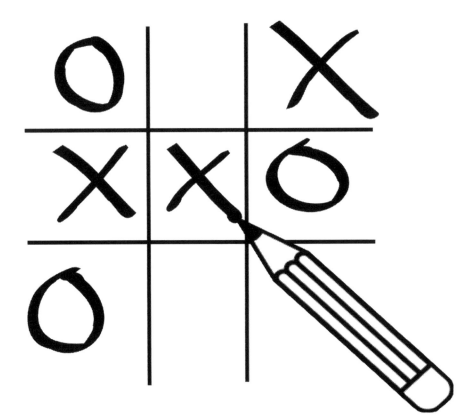

TIC TAC TOE

PLAYER 1:	PLAYER 2:
SCORE:	SCORE:

TIC TAC TOE

PLAYER 1:	PLAYER 2:
SCORE:	SCORE:

TIC TAC TOE

PLAYER 1:	PLAYER 2:
SCORE:	SCORE:

TIC TAC TOE

PLAYER 1:	PLAYER 2:
SCORE:	SCORE:

TIC TAC TOE

PLAYER 1:	PLAYER 2:
SCORE:	SCORE:

TIC TAC TOE

PLAYER 1:	PLAYER 2:
SCORE:	SCORE:

TIC TAC TOE

PLAYER 1:	PLAYER 2:
SCORE:	SCORE:

TIC TAC TOE

PLAYER 1:	PLAYER 2:
SCORE:	SCORE:

TIC TAC TOE

PLAYER 1:	PLAYER 2:
SCORE:	SCORE:

TIC TAC TOE

PLAYER 1:	PLAYER 2:
SCORE:	SCORE:

solutions

1 (SOLUTION)

U	M	I	C	M	U	T	K	L	B	A	O
Z	Y	D	N	I	W	N	R	E	S	A	C
S	I	M	N	Z	J	X	E	E	S	A	P
I	K	M	P	M	E	S	R	G	E	W	H
X	E	L	D	W	A	L	K	I	N	G	C
O	R	V	I	B	G	N	I	R	P	S	C
U	G	S	O	R	Z	F	H	N	V	R	G
S	T	E	A	D	P	Z	A	A	N	E	E
K	E	B	C	H	L	A	D	E	J	T	S
E	Z	T	K	J	Q	H	I	G	L	S	Q
R	R	J	I	R	E	V	O	L	C	A	S
T	F	T	W	K	W	V	A	T	G	E	U

APRIL   LEAF

BEES   SPRING

CLOVER   TREE

EASTER   WALKING

KITES   WINDY

② (SOLUTION)

F	C	H	Z	A	U	A	J	A	B	R	G
K	C	H	H	C	R	A	X	J	M	E	P
W	E	F	T	T	U	Q	I	X	R	W	J
T	D	C	R	I	V	F	U	X	V	O	Y
I	W	Q	I	V	M	B	R	W	X	H	N
Z	D	L	B	E	N	U	S	W	C	S	N
A	U	O	M	S	B	M	A	L	E	L	U
Z	E	D	X	K	R	B	R	E	A	K	B
S	G	G	E	M	A	X	Z	F	D	X	W
R	S	G	U	B	A	O	E	N	H	L	F
G	V	G	I	J	C	T	S	E	R	O	F
G	F	L	O	W	E	R	S	D	A	V	I

ACTIVE	EGGS
BIRTH	FLOWERS
BREAK	FOREST
BUGS	LAMBS
BUNNY	SHOWER

3 (SOLUTION)

D	U	K	T	H	H	K	A	A	R	A	E	Y
K	R	C	H	L	S	U	U	A	B	N	T	
P	L	G	B	S	M	S	B	O	E	M	S	
Q	X	R	A	F	R	Y	L	R	I	X	P	
Y	W	R	H	G	E	K	D	S	M	B	I	
S	G	X	B	L	X	L	S	Z	K	I	R	
I	L	A	L	Z	I	I	X	S	S	N	I	
A	B	O	X	H	O	Q	K	X	V	L	T	
D	W	H	C	N	M	O	T	Z	G	W	M	
L	G	N	I	M	M	I	W	S	P	V	C	
S	K	K	N	U	D	Q	T	H	G	I	L	
B	X	Z	M	E	T	A	R	O	C	E	D	

CHILDREN   MISSION

DAISY   SPIRIT

DECORATE   SWIMMING

GRASS   YEAR

LIGHT   YELLOW

4 (SOLUTION)

E	Y	R	O	T	S	I	H	T	G	N	P
B	X	E	L	B	A	T	E	G	E	V	U
K	T	V	S	P	A	Q	H	Z	E	Y	Z
C	H	J	R	C	L	F	N	A	P	A	L
H	A	K	E	Q	O	U	R	Q	M	D	X
G	F	Z	D	N	X	L	U	R	Q	N	D
T	V	B	I	H	Y	T	O	T	N	U	P
C	M	R	P	F	B	M	F	R	A	S	J
E	X	A	S	G	A	R	D	E	N	Q	X
S	B	I	W	J	W	G	I	J	U	Z	A
N	Q	N	I	X	O	M	Z	E	T	N	B
I	O	H	D	T	R	A	V	E	L	M	K

COLOR

EARLY

GARDEN

HISTORY

INSECT

RAIN

SPIDERS

SUNDAY

TRAVEL

VEGETABLE

5 (SOLUTION)

P	P	P	N	R	R	A	B	B	I	T	I
L	R	P	R	E	H	T	A	E	W	N	Z
P	V	S	E	Q	Z	O	U	M	B	K	P
P	W	K	H	T	N	A	L	P	H	G	V
Y	O	C	A	N	M	A	W	L	N	G	T
L	P	U	Q	F	I	S	H	I	N	G	C
I	M	D	U	O	L	C	F	G	J	U	E
M	J	K	W	I	C	M	N	A	E	C	O
A	O	K	O	K	W	H	L	X	J	Z	Q
F	D	L	V	I	O	L	E	T	L	A	G
K	P	N	A	T	U	R	E	G	D	C	W
D	A	V	N	G	S	T	P	U	N	S	L

CLOUD

DUCKS

FAMILY

FISHING

NATURE

OCEAN

PLANT

RABBIT

VIOLET

WEATHER

6 (SOLUTION)

V	A	C	A	T	I	O	N	T	G	G	W
Y	G	C	T	Y	A	D	I	L	O	H	E
H	L	V	M	P	U	Z	Z	L	E	S	H
S	V	F	T	D	N	O	M	A	I	D	E
P	T	U	R	T	I	V	D	R	W	A	J
A	O	C	R	E	V	C	E	U	R	M	G
I	L	O	E	K	T	N	Z	T	O	X	A
B	H	C	T	S	N	T	H	Q	Z	P	M
G	X	R	Q	A	N	I	U	O	Z	J	E
U	F	I	F	B	I	I	I	B	A	S	S
T	Q	E	R	E	A	D	I	N	G	P	N
K	W	Q	J	U	A	E	G	X	X	Z	I

BASKET

BUTTERFLY

DIAMOND

EARTH

GAMES

HOLIDAY

INSECTS

PUZZLES

READING

VACATION

7 (SOLUTION)

O	I	Q	Q	B	Y	N	N	U	S	F	N
I	L	G	X	K	I	T	G	J	Q	X	O
V	P	E	T	E	K	C	A	J	E	E	I
S	X	H	L	A	I	C	E	P	S	X	T
T	B	L	S	W	D	T	L	O	E	H	A
C	E	W	A	O	G	P	C	S	E	D	U
W	A	M	D	N	G	U	E	F	M	C	D
S	P	R	W	I	D	I	C	Z	C	K	A
G	L	Z	R	T	V	C	A	K	E	A	R
O	J	X	H	O	A	W	L	J	W	N	G
R	J	G	M	O	T	M	F	O	O	D	R
F	T	H	L	K	T	R	O	P	S	N	B

CARROT   LAND

FOOD   MOVIES

FROGS   SPECIAL

GRADUATION   SPORT

JACKET   SUNNY

8 (SOLUTION)

S	F	L	Z	P	I	C	T	U	R	E	L
C	A	U	U	R	D	W	B	F	A	P	L
I	P	M	G	F	K	F	M	O	G	R	E
N	W	O	T	N	E	S	E	R	P	E	G
C	Q	U	T	A	I	C	E	V	X	T	G
I	O	F	K	A	X	G	A	P	M	T	N
P	P	L	H	Q	Q	Z	H	G	E	F	Y	I
L	A	N	O	I	T	A	N	O	P	R	X
O	W	C	C	F	E	V	Q	J	J	X	A
R	V	L	C	T	C	L	Z	O	W	T	L
W	V	Z	Y	P	P	A	H	T	K	Z	E
S	U	N	F	L	O	W	E	R	A	W	R

HAPPY   PICTURE

JOGGING   PRESENT

NATIONAL   PRETTY

PEACEFUL   RELAXING

PICNIC   SUNFLOWER

9 (SOLUTION)

R	X	E	N	I	H	S	N	U	S	S	S	E
E	O	C	L	U	L	C	A	Q	E	G	S	E
U	N	U	A	C	R	D	M	I	P	L	L	V
U	R	J	D	M	L	U	R	T	X	S	S	C
W	S	N	O	W	P	O	H	I	I	H	H	Q
W	X	T	I	Y	M	I	U	U	E	I	I	C
I	Z	L	O	E	A	N	N	R	V	N	N	N
L	L	D	M	P	E	B	E	G	W	E	E	E
L	R	C	Z	E	L	T	L	F	B	O	O	G
O	S	P	R	E	A	S	C	E	S	E	E	L
W	O	G	S	W	K	C	V	N	P	E	E	A
B	F	S	E	I	R	R	E	H	C	Z	Z	L

CAMPING

CHERRIES

ENJOYABLE

GREEN

MEMORIES

POTS

SHINE

SUNSHINE

WATER

WILLOW

W	E	T	A	L	O	C	O	H	C	V	B
S	P	B	L	O	S	S	O	M	L	P	V
A	D	O	W	W	V	S	U	W	L	M	P
P	Q	Z	W	A	J	X	I	X	M	N	B
C	V	R	L	N	B	Z	W	O	L	E	O
D	N	V	B	I	P	G	K	E	A	E	K
R	B	S	K	M	V	S	M	C	P	X	O
A	T	Z	W	A	X	O	H	F	J	P	T
Y	V	G	K	L	H	C	D	A	N	H	N
J	X	S	G	S	M	O	N	T	H	N	I
C	E	L	E	B	R	A	T	E	H	R	A
O	R	Z	L	I	B	E	W	Z	Z	R	P

ANIMALS

BEACH

BLOSSOM

CELEBRATE

CHOCOLATE

HOME

MONTH

PAINT

PALM

YARD

4X4 SUDOKU PUZZLES

SUDOKU - 1 (Solution)

3	1	2	4
2	4	1	3
1	3	4	2
4	2	3	1

SUDOKU - 2 (Solution)

4	1	2	3
3	2	1	4
2	4	3	1
1	3	4	2

SUDOKU - 3 (Solution)

4	1	2	3
2	3	1	4
3	2	4	1
1	4	3	2

SUDOKU - 4 (Solution)

4	1	3	2
2	3	1	4
3	4	2	1
1	2	4	3

SUDOKU - 5 (Solution)

1	4	2	3
2	3	1	4
3	1	4	2
4	2	3	1

SUDOKU - 6 (Solution)

4	2	3	1
3	1	2	4
2	4	1	3
1	3	4	2

SUDOKU - 7 (Solution)

1	3	2	4
2	4	1	3
3	2	4	1
4	1	3	2

SUDOKU - 8 (Solution)

1	4	2	3
2	3	1	4
4	2	3	1
3	1	4	2

SUDOKU - 9 (Solution)

3	1	4	2
4	2	1	3
2	4	3	1
1	3	2	4

SUDOKU - 10 (Solution)

3	1	2	4
4	2	3	1
2	4	1	3
1	3	4	2

SUDOKU - 11 (Solution)

4	1	3	2
2	3	4	1
3	2	1	4
1	4	2	3

SUDOKU - 12 (Solution)

1	4	2	3
3	2	1	4
4	1	3	2
2	3	4	1

SUDOKU - 13 (Solution)

1	4	3	2
2	3	4	1
4	1	2	3
3	2	1	4

SUDOKU - 14 (Solution)

4	2	1	3
1	3	4	2
2	4	3	1
3	1	2	4

SUDOKU - 15 (Solution)

1	3	4	2
2	4	1	3
4	2	3	1
3	1	2	4

SUDOKU - 16 (Solution)

2	3	4	1
4	1	2	3
3	2	1	4
1	4	3	2

6X6 SUDOKU PUZZLES

SUDOKU - 1 (Solution)

2	1	3	4	6	5
4	6	5	2	1	3
5	4	2	1	3	6
6	3	1	5	2	4
3	2	4	6	5	1
1	5	6	3	4	2

SUDOKU - 2 (Solution)

2	3	5	4	1	6
1	4	6	5	2	3
5	2	3	6	4	1
6	1	4	3	5	2
3	5	1	2	6	4
4	6	2	1	3	5

SUDOKU - 3 (Solution)

1	5	6	2	4	3
2	4	3	6	5	1
4	1	2	5	3	6
6	3	5	1	2	4
5	6	4	3	1	2
3	2	1	4	6	5

SUDOKU - 4 (Solution)

5	4	1	6	2	3
6	2	3	4	1	5
3	6	5	1	4	2
4	1	2	5	3	6
1	3	6	2	5	4
2	5	4	3	6	1

SUDOKU - 5 (Solution)

5	1	6	3	2	4
3	4	2	6	5	1
6	3	5	1	4	2
4	2	1	5	6	3
2	5	3	4	1	6
1	6	4	2	3	5

SUDOKU - 6 (Solution)

2	3	6	1	4	5
4	1	5	6	3	2
6	4	2	3	5	1
3	5	1	4	2	6
5	6	3	2	1	4
1	2	4	5	6	3

SUDOKU - 7 (Solution)

2	1	5	6	4	3
3	6	4	2	1	5
6	2	1	3	5	4
5	4	3	1	2	6
4	3	2	5	6	1
1	5	6	4	3	2

SUDOKU - 8 (Solution)

1	3	2	6	5	4
4	6	5	2	3	1
2	4	1	3	6	5
3	5	6	1	4	2
5	2	3	4	1	6
6	1	4	5	2	3

SUDOKU - 9 (Solution)

1	2	6	5	4	3
4	5	3	1	6	2
3	4	1	2	5	6
2	6	5	4	3	1
6	1	4	3	2	5
5	3	2	6	1	4

SUDOKU - 10 (Solution)

3	4	1	2	5	6
2	6	5	4	3	1
6	5	4	1	2	3
1	3	2	6	4	5
4	1	3	5	6	2
5	2	6	3	1	4

SUDOKU - 11 (Solution)

3	6	2	1	5	4
4	5	1	3	2	6
1	4	6	2	3	5
5	2	3	4	6	1
2	1	5	6	4	3
6	3	4	5	1	2

SUDOKU - 12 (Solution)

1	2	5	3	6	4
6	3	4	5	1	2
2	1	3	6	4	5
5	4	6	2	3	1
3	5	1	4	2	6
4	6	2	1	5	3

SUDOKU - 13 (Solution)

2	4	3	6	5	1
6	5	1	4	3	2
4	3	2	1	6	5
1	6	5	2	4	3
3	2	6	5	1	4
5	1	4	3	2	6

SUDOKU - 14 (Solution)

2	3	6	4	5	1
5	1	4	6	3	2
1	2	3	5	6	4
4	6	5	2	1	3
6	4	1	3	2	5
3	5	2	1	4	6

SUDOKU - 15 (Solution)

3	4	5	1	2	6
2	6	1	4	5	3
4	2	3	6	1	5
1	5	6	3	4	2
6	1	2	5	3	4
5	3	4	2	6	1

SUDOKU - 16 (Solution)

3	4	6	5	1	2
2	5	1	6	3	4
4	3	5	2	6	1
6	1	2	3	4	5
1	2	3	4	5	6
5	6	4	1	2	3

9X9 SUDOKU PUZZLES

SUDOKU - 1 (Solution)

5	2	6	1	8	4	3	7	9
9	7	3	6	2	5	1	4	8
1	8	4	7	3	9	2	6	5
6	4	8	2	7	3	5	9	1
2	3	5	9	1	6	4	8	7
7	9	1	5	4	8	6	2	3
4	6	9	8	5	1	7	3	2
3	5	2	4	9	7	8	1	6
8	1	7	3	6	2	9	5	4

SUDOKU - 2 (Solution)

3	7	2	5	9	6	4	8	1
4	5	9	2	1	8	7	6	3
8	6	1	3	4	7	9	2	5
7	2	4	1	3	5	8	9	6
6	3	8	7	2	9	5	1	4
1	9	5	8	6	4	2	3	7
2	1	7	4	8	3	6	5	9
5	8	6	9	7	1	3	4	2
9	4	3	6	5	2	1	7	8

SUDOKU - 3 (Solution)

8	9	6	5	2	1	4	3	7
3	7	1	9	4	6	5	8	2
4	5	2	3	8	7	1	6	9
5	8	7	2	9	3	6	4	1
1	2	3	6	7	4	9	5	8
9	6	4	8	1	5	7	2	3
6	1	5	7	3	2	8	9	4
7	3	8	4	5	9	2	1	6
2	4	9	1	6	8	3	7	5

SUDOKU - 4 (Solution)

7	8	2	5	4	6	3	9	1
4	6	5	1	9	3	2	8	7
9	3	1	8	7	2	4	5	6
6	7	4	2	8	5	9	1	3
3	2	9	4	6	1	8	7	5
1	5	8	7	3	9	6	4	2
8	1	3	6	5	4	7	2	9
2	4	6	9	1	7	5	3	8
5	9	7	3	2	8	1	6	4

SUDOKU - 5 (Solution)

7	2	5	1	4	6	9	3	8
8	3	6	2	5	9	1	4	7
1	4	9	3	8	7	6	5	2
6	7	1	4	3	5	8	2	9
3	8	2	9	6	1	4	7	5
9	5	4	7	2	8	3	6	1
4	6	7	8	9	2	5	1	3
2	9	3	5	1	4	7	8	6
5	1	8	6	7	3	2	9	4

SUDOKU - 6 (Solution)

8	5	2	6	3	7	1	4	9
9	1	4	8	5	2	7	6	3
6	3	7	4	1	9	5	8	2
3	7	1	5	9	4	6	2	8
5	2	9	1	8	6	4	3	7
4	8	6	7	2	3	9	5	1
2	9	5	3	4	1	8	7	6
1	6	8	2	7	5	3	9	4
7	4	3	9	6	8	2	1	5

SUDOKU - 7 (Solution)

2	7	3	8	1	6	4	5	9
4	1	5	9	2	7	3	6	8
8	6	9	3	5	4	2	1	7
3	5	2	7	9	8	1	4	6
7	4	6	5	3	1	9	8	2
9	8	1	6	4	2	5	7	3
1	2	7	4	6	3	8	9	5
5	3	8	1	7	9	6	2	4
6	9	4	2	8	5	7	3	1

SUDOKU - 8 (Solution)

8	7	4	1	5	9	6	3	2
9	5	2	4	3	6	1	7	8
3	6	1	8	2	7	9	5	4
1	2	6	9	7	8	3	4	5
4	8	3	5	6	2	7	9	1
5	9	7	3	1	4	2	8	6
6	3	8	2	9	5	4	1	7
2	1	5	7	4	3	8	6	9
7	4	9	6	8	1	5	2	3

SUDOKU - 9 (Solution)

9	1	8	5	4	2	3	7	6
2	6	7	8	1	3	5	9	4
4	5	3	6	7	9	2	8	1
8	9	1	7	6	5	4	3	2
5	7	4	3	2	8	1	6	9
6	3	2	4	9	1	8	5	7
3	2	6	1	5	7	9	4	8
7	8	9	2	3	4	6	1	5
1	4	5	9	8	6	7	2	3

SUDOKU - 10 (Solution)

9	2	4	1	8	6	3	5	7
5	8	6	9	7	3	2	1	4
3	7	1	4	5	2	8	6	9
1	5	8	7	9	4	6	3	2
2	4	9	6	3	1	7	8	5
7	6	3	8	2	5	4	9	1
6	9	2	3	1	7	5	4	8
4	1	5	2	6	8	9	7	3
8	3	7	5	4	9	1	2	6

SUDOKU - 11 (Solution)

2	4	3	5	9	8	1	7	6
7	8	6	4	1	3	5	9	2
1	9	5	7	2	6	3	8	4
9	7	4	6	3	2	8	1	5
3	2	8	9	5	1	4	6	7
5	6	1	8	7	4	9	2	3
4	1	2	3	8	7	6	5	9
8	3	9	2	6	5	7	4	1
6	5	7	1	4	9	2	3	8

SUDOKU - 12 (Solution)

7	6	9	1	8	2	5	4	3
8	2	4	6	3	5	9	1	7
3	1	5	7	9	4	2	6	8
6	3	8	4	7	9	1	2	5
4	5	2	8	6	1	7	3	9
9	7	1	5	2	3	4	8	6
2	4	3	9	5	6	8	7	1
1	9	7	3	4	8	6	5	2
5	8	6	2	1	7	3	9	4

SUDOKU - 13 (Solution)

1	8	2	7	3	9	6	4	5
7	3	6	2	5	4	9	8	1
9	4	5	1	6	8	3	7	2
6	2	7	8	1	3	5	9	4
3	5	9	4	7	2	1	6	8
8	1	4	5	9	6	2	3	7
5	7	3	6	8	1	4	2	9
4	6	1	9	2	7	8	5	3
2	9	8	3	4	5	7	1	6

SUDOKU - 14 (Solution)

2	5	8	7	4	1	3	9	6
1	7	6	2	9	3	8	5	4
9	3	4	5	6	8	1	7	2
3	6	9	8	1	4	5	2	7
5	2	1	6	7	9	4	3	8
4	8	7	3	2	5	9	6	1
8	1	2	9	5	6	7	4	3
7	4	5	1	3	2	6	8	9
6	9	3	4	8	7	2	1	5

SUDOKU - 15 (Solution)

9	1	8	6	5	7	3	4	2
6	3	5	9	2	4	7	1	8
2	7	4	8	1	3	9	6	5
1	5	3	4	6	9	8	2	7
7	8	6	1	3	2	5	9	4
4	9	2	7	8	5	6	3	1
8	6	7	3	4	1	2	5	9
5	4	9	2	7	6	1	8	3
3	2	1	5	9	8	4	7	6

SUDOKU - 16 (Solution)

9	8	1	2	4	3	5	6	7
4	3	2	7	5	6	1	8	9
7	5	6	1	8	9	3	2	4
8	7	9	3	2	1	6	4	5
5	6	3	9	7	4	2	1	8
2	1	4	8	6	5	9	7	3
6	4	7	5	3	2	8	9	1
1	2	5	4	9	8	7	3	6
3	9	8	6	1	7	4	5	2

Made in the USA
Middletown, DE
28 February 2023

25886339R00057